au
ü
a u
e
ei ö
o i ä

a b
c d

1 2 3
4 5
6 7 8
9 10

So erhalte ich die App für die interaktiven Seiten am Ende des Buches:

Im App-Shop (App Store/Google Play) das Wort **Kinderwissen-Spielen** eingeben, die App herunterladen und öffnen. Wähle in dem karussellförmigen Menü eine Seite aus, um die Animation zu starten und mehr zu entdecken. Los geht's!

Erhältlich im App Store

JETZT BEI Google Play

KINDERWISSEN

Spielen & Lernen

Idee und Text: Émilie Beaumont,
Nathalie Bellineau, Marie-Renée Guilloret

Illustrationen: Mélopée

Übersetzung aus dem
Französischen: Elena Wassmann

ullmann medien

INHALT

DIE FARBEN

ROT

Weißt du, welche roten Gegenstände hier abgebildet sind? Was in deiner Nähe ist sonst noch alles rot?

die Kirschen

die Paprika

die Tomate

der Fisch

die Erdbeere

die Mohnblume

Bei der roten Fee zu Hause ist alles rot. Doch einiges ist verloren gegangen. Kannst du ihr helfen, Fisch, Kirsche, Herz und Blume wieder an Ort und Stelle zu bringen?

GELB

Weißt du, welche gelben
Gegenstände hier abgebildet sind?
Kennst du noch andere
gelbe Früchte?

die Sonne

das Küken

der Mais

die Narzisse

die Zitrone

die Banane

Die kleine gelbe Fee braucht deine Hilfe. Findest du die unten abgebildeten Gegenstände im Bild wieder? Welcher fehlt?

BLAU

Weißt du, welche blauen
Gegenstände hier abgebildet sind?
Was strahlt vom blauen Himmel?

der Blauwal

die Buntstifte

der Himmel

die Kornblume

die Augen

das Meer

Die kleine blaue Fee liebt den Sommer, den blauen Himmel und das blaue Meer. Findest du die unten abgebildeten Gegenstände im Bild wieder? Bei welchem stimmt die Farbe nicht?

SCHWARZ ★

Weißt du, welche schwarzen
Gegenstände hier abgebildet sind?
Welche Farbe hat die Katze
der kleinen Hexe?

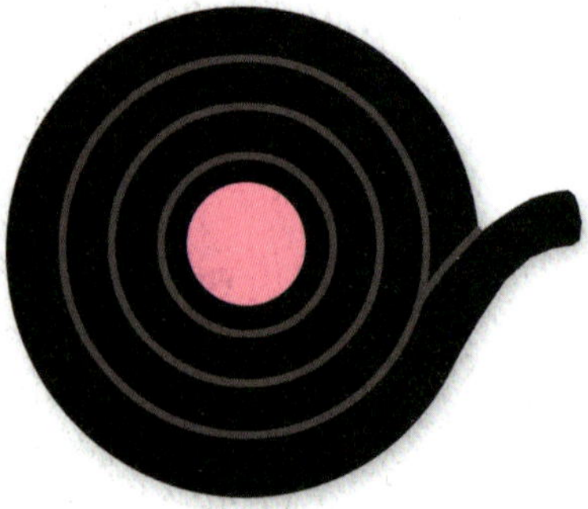

die Lakritze

die Tafel

der Reifen

die Amsel

der Schimpanse

der Kaffee

Die kleine schwarze Hexe liebt die Nacht, denn dann ist alles rabenschwarz. Erkennst du trotzdem, welcher Umriss zu welchem Bild unten auf der Seite gehört?

ORANGE

Die kleine orangefarbene Fee
hat Obst und Gemüse herbeigezaubert.
Weißt du, welche Sorten?

die Orange

die Karotten

die Aprikose

Was ist auf diesem Bild alles orange?

ROSA

Die kleine rosa Fee hat
eine rosa Blume und zwei rosa Tiere
herbeigezaubert.

die Rose

das Schwein

der Flamingo

Wie viele rosa Schmetterlinge kann die kleine Fee fangen?

GRAU

Weißt du, was die kleine
graue Fee herbeigezaubert hat?
Was ist sonst noch alles grau?

die Maus

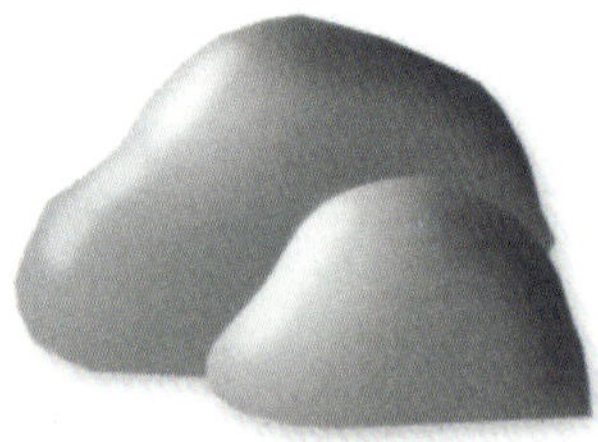

die Steine

der Elefant

Was ist auf diesem Bild nicht grau?

GRÜN

Die kleine grüne Fee
hat grünes Gemüse, grünes Obst
und ein grünes Tier herbeigezaubert.
Weißt du, wie sie heißen?

die Bohnen

der Apfel

der Frosch

Hilf der Fee beim Einkauf. Sie möchte nur grünes Obst und Gemüse.

VIOLETT

Die kleine violette Fee hat zwei violette Früchte und ein violettes Gemüse herbeigezaubert. Kennst du ihre Namen?

die Pflaumen

die Trauben

die Aubergine

Wie viele violette Blumen kann die kleine Fee pflücken?

BRAUN

Die kleine braune Fee hat
ein braunes Tier und zwei Waldfrüchte
herbeigezaubert. Weißt du welche?

die Kastanie

der Bär

der Tannenzapfen

Was ist auf diesem Bild sonst noch alles braun?

WER WOHNT WO?

Wenn du den Zaubersternen mit dem Finger folgst, weißt du, welche Fee in welchem Schloss wohnt. Wo wohnt die kleine Hexe?

Hmm ... das schmeckt!

Die kleine Hexe ist immer hungrig. Welche beiden Feen hat sie weggezaubert, damit sie deren Kuchenstücke essen kann?

FARBENZAUBER

Je ein Zauberer und eine Fee gehören zusammen. Du erkennst das an der Farbe ihrer Kleidung. Und wer trägt die dunkelste Kleidung?

DIE BUCHSTABEN

DAS ALPHABET

Entdecke die Welt der Buchstaben! Die Bilder helfen dir beim Lernen des Alphabets.

Ball

Clown

Fee

Giraffe

Hubschrauber

Insel

Löwe

Marienkäfer

Jaguar

Känguru

Nüsse

Orange

Pflaume

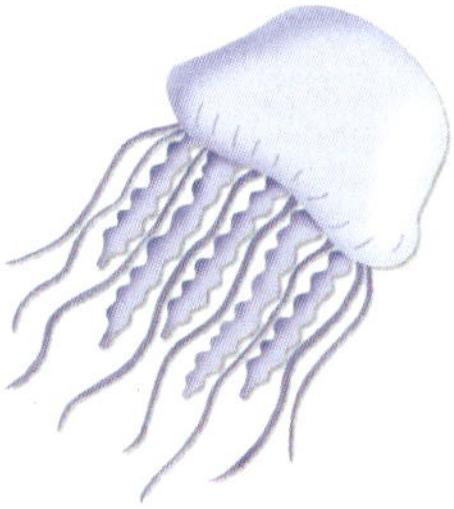

Qualle

Tiger

Uhr

Radieschen

Sonne

Vogel

Waggon

DAS ABC-SPIEL

Sicher fallen dir noch viele Wörter ein, die mit den Buchstaben des Alphabets beginnen: zum Beispiel **A** wie Auto oder **B** wie Birne.

DIE SELBSTLAUTE

„a“ wie Ameise

Was siehst du auf den Bildern?
Sprich die Namen der Tiere und Gegenstände laut aus.
Hörst du, wie das „a“ klingt?

Fahrrad

Wal

Katze

Lastwagen

Was zeigen die Bilder rund um die Ameise?
In welchen Wörtern steckt kein „a“?

„a“

Karotte

Kegel

Ananas

Ameise

Papagei

Zitrone

Ball

„e“ wie Esel

Was siehst du auf den Bildern? Sprich die Namen der Tiere laut aus. Hörst du, wie das „e“ klingt?

Schnecke

Elefant

Ente

Delfin

Was zeigen die Bilder rund um den Esel?
In welchen Wörtern steckt kein „e“?

„e“

Amsel

Paprika

Feder

Esel

Lauch

Hexe

Erdbeere

„i“ wie Igel

Was siehst du auf den Bildern?
Sprich die Namen der Tiere laut aus.
Hörst du, wie das „i“ klingt?

Schildkröte

Pinguin

Fisch

Tiger

Was zeigen die Bilder rund um den Igel?
In welchen Wörtern steckt kein „i“?

„i“

Brille

Fee

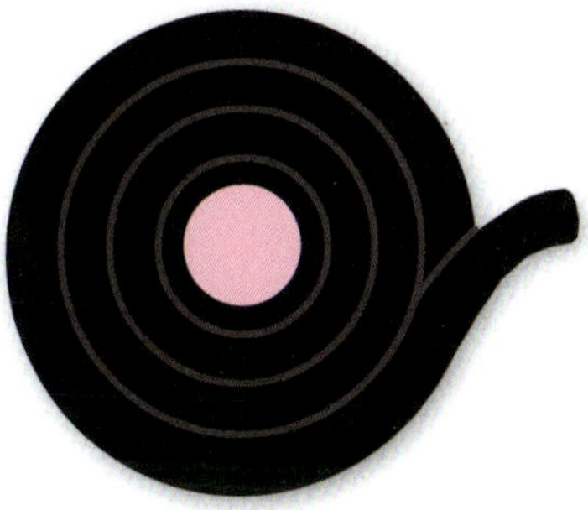

Lakritze

Igel

Kirschen

Apfel

Kiwi

„O“ wie Orange

Was siehst du auf den Bildern?
Sprich die Namen der Tiere und Gegenstände laut aus.
Hörst du, wie das „o“ klingt?

Mond

Krokodil

Motorrad

Frosch

„O“

Was zeigen die Bilder rund um die Orange?
In welchen Wörtern steckt kein „o“?

Koala

Bonbons

Orange

Trauben

Trommel

Stifte

Auto

„u“ wie Uhr

Was siehst du auf den Bildern?
Sprich die Namen der Tiere und Gegenstände laut aus.
Hörst du, wie das „u“ klingt?

Huhn

Kuh

Puppe

Känguru

„u“

Was zeigen die Bilder rund um die Uhr?
In welchen Wörtern steckt kein „u“?

Tafel

Buch

Birne

Uhr

Kuchen

Blumen

Hund

„ä, ö, ü“

Was siehst du auf den Bildern? Sprich die Namen der Tiere und Gegenstände laut aus. Hörst du, wie „ä“, „ö“ und „ü“ klingen?

Küken

Schlüssel

Eichhörnchen

Löwe

Käse

Bär

„au, ei, eu“

Was siehst du auf den Bildern? Sprich die Namen der Tiere und Gegenstände laut aus. Hörst du, wie „au“, „ei“ und „eu“ klingen?

Schwein

Flugzeug

Haus

Eule

Maus

Eier

WEM GEHÖRT WAS?

Jeder Name beginnt mit einem Selbstlaut, der sich in einem der Spielsachen wiederfindet. Weißt du, wem welches Spielzeug gehört?

DIE ZAHLEN

eins

Wie viele Libellen und wie viele Blumen siehst du?
Zeige die Zahl mit den Fingern!

zwei

Wie viele Grashüpfer und wie viele Blumen zählst du?
Zeige die Zahl mit den Fingern!

Wie viele Spinnen sitzen im Netz?
Zeige die Zahl mit den Fingern!

vier 4

Wie viele Schnecken kriechen durch das Bild?
Zeige die Zahl mit den Fingern!

Und wie viele Schnecken sind hier unterwegs?
Zeige die Zahl mit den Fingern!

sechs 6

Wie viele Marienkäfer sind auf der Wiese?
Zeige die Zahl mit den Fingern!

sieben 7

Wie viele Raupen krabbeln auf den Zweigen?
Zeige die Zahl mit den Fingern!

Wie viele Ameisen siehst du auf diesem Bild?
Zeige die Zahl mit den Fingern!

Wie viele Bienen umkreisen die Blume?
Zeige die Zahl mit den Fingern!

Wie viele Schmetterlinge flattern durch die Luft?
Zeige die Zahl mit den Fingern!

Wer braucht länger, um seine Schuhe anzuziehen – die Spinne oder die Raupe? Und warum?

Zähle die Punkte auf den Flügeln der beiden Marienkäfer! Welcher Marienkäfer hat mehr Punkte?

Die Ameise braucht vier Pilze. Zwei Pilze hat sie schon gesammelt.
Wie viele Pilze fehlen ihr noch?

Die Bienen haben Blumen gepflückt.
Haben sie gleich viele Blumen in ihrem Strauß?

DOMINO

Die Zahl der Schnecken auf den Dominosteinen
steigt von 1 bis 6. Gestartet wird beim Pfeil.
Aber es hat sich ein Fehler eingeschlichen.
Weißt du wo?

DIE FORMEN

DER KREIS

Was siehst du auf den Bildern?

der Kreis

der Teller

die CD

die Kugel

die Orange

der Ball

Siehst du die Kreise auf der Trommel und auf dem Anspitzer?

die Trommel

der Anspitzer

DAS QUADRAT

Was siehst du auf den Bildern?

das Quadrat

das Spielbrett

die Fliese

Siehst du die Quadrate auf den Würfeln und auf den Bauklötzen?

die Würfel

die Bauklötze

Ein Würfel hat sechs Seiten. Alle Seiten sind gleich groß und quadratisch.

DAS RECHTECK

Was siehst du auf den Bildern?

das Rechteck

die Spielkarten

der Umschlag

Siehst du die Rechtecke auf dem Buch und auf dem Koffer?

das Buch

der Koffer

Dominosteine sind immer rechteckig.

DAS DREIECK

Was siehst du auf den Bildern?

das Dreieck

das Schild

der Wimpel

das Zelt

der Kirchturm

das Segel

Aus Dreiecken kannst du Sterne oder Tannenbäume legen.

DIE RICHTIGE FORM

Drei Schachteln, drei Gegenstände und drei Mädchen – weißt du, was zusammengehört?

GEDÄCHTNISHILFE

Fahre die einzelnen Formen mit dem Finger nach!
So kannst du sie dir besser merken.

FORMEN-SPIELE

Die Kinder spielen mit verschiedenen Gegenständen.
Erkennst du alle Formen wieder?

DIE GEGENSÄTZE

August und Harlekin sind Clowns. Auf welchem Bild stehen sie sich **gegenüber**, auf welchem stehen sie **Rücken an Rücken**?

August ist der Clown mit dem grünen Hut. Auf welchem Bild steht er **vor** Harlekin und auf welchem Bild **hinter** Harlekin?

August treibt gerne Unfug. Auf welchem Bild hat er seine Kleider **richtig** und auf welchem **falsch** herum angezogen?

Auf welchem Bild hat sich August sein Clownsgesicht **fröhlich** und auf welchem **traurig** geschminkt?

Der Löwenbändiger und sein Löwe haben ihren Auftritt.
Wer von beiden sitzt **drinnen** im Käfig, wer steht **draußen**?

Manege frei für den Elefanten Babu und seine Freunde, die Affen!
Welcher Affe läuft **voran**, welcher **hinterher**?

Jetzt treten der Elefant und der Vogel gemeinsam auf.
Wer ist **leicht** und wer ist **schwer**?

Hier siehst du die Schlangenbeschwörerin.
Welche Schlange ist **lang** und welche ist **kurz**?

Der Zauberer lässt seine Assistentin verschwinden, dann zaubert er sie wieder herbei. Welche Kiste ist **offen** und welche **geschlossen**?

August spritzt Harlekin mit Wasser nass.
Zunächst ist sein Eimer **voll**, dann ist er **leer**.

Jetzt zeigen die Hunde Tom und Lilli ihre Kunststücke.

Welcher Hund ist **unten** und welcher **oben**?

Tom steht **auf** Lilli. Lilli steht **unter** Tom.

Welcher Hund ist **nass** und welcher Hund ist **trocken**?

Welcher Hund riecht **gut** und welcher Hund riecht **schlecht**?

Es macht Spaß, die anderen Zuschauer zu beobachten.

Hier siehst du eine Großmutter und ihre Enkelin. Wer ist **jung** und wer ist **alt**?

Dort stehen zwei Brüder. Wer ist **klein** und wer ist **groß**?

Wer ist **hellhäutig**, und wer ist **dunkelhäutig**?

Wer ist **dick**? Und wer ist **dünn**?

Die Hunde Tom und Lilli zeigen noch ein Kunststück.
Welcher Hund läuft die Treppe **hinauf** und welcher **hinunter**?

Der Esel von August und Harlekin ist bockig. Deshalb muss einer der Clowns **ziehen** und der andere **schieben**. Wer zieht?

LINKS RECHTS

Schau dir das Bild in Ruhe an. Welches Tier befindet sich **links** vom Dompteur und welches **rechts**?

Die Hunde sollen auf Rosas rechte Seite kommen. Welche Hunde laufen falsch? Beachte, dass Rosa seitenverkehrt steht!

Wenn du diese beiden Bilder vergleichst,
fallen dir bestimmt einige Gegensätze auf. Welche?

WER MACHT WAS?

VON WEM STAMMT WAS?

Honig, Milch, Eier und Wolle – weißt du,
was von welchem Tier stammt?

WER MACHT WAS?

Wer oder was fährt? Was fliegt? Was dreht sich?
Und was schwimmt?

WER VERKAU

Den vier Verkäufern sind ihre Waren durcheinand
und Backwaren liegen kreuz und quer. Kann

'AS?

erraten. Fleisch, Fisch, Obst, Gemüse
u ihnen beim Sortieren helfen?

WER MACHT WAS?

Weißt du, wie diese Tiere heißen und wie sie sich fortbewegen?
Wer läuft? Wer schwimmt? Wer kriecht? Wer hüpft oder fliegt?

FEHLERTEUFEL

In jeder Bilderreihe hat sich ein Fehler eingeschlichen. Weißt du, welches Bild nicht in die Reihe passt und warum?

FLIEGEN

FAHREN

SCHWIMMEN

WAS RIECHT GUT UND WAS STINKT?

Diese sechs Bilder haben alle mit Gerüchen zu tun. Welche der abgebildeten Gegenstände duften? Welche stinken?

ZUORDNEN

WELCHE SCHUHE PASSEN?

Die Kinder haben vergessen, ihre Schuhe anzuziehen.
Hilfst du ihnen, die passenden Schuhe zu finden?

HIER FEHLT DOCH WAS!

Weißt du, wie die unten abgebildeten Sportgeräte heißen und zu welchem Kind sie gehören?

DIE RICHTIGE KLEIDUNG

Die drei kleinen Mädchen sind aus den Bildern gepurzelt.
Wenn du ihre Kleidung anschaust, weißt du, wohin sie gehören.

WOHIN GEHÖREN DIESE FAHRZEUGE?

Lokomotive, Auto, Flugzeug und Boot sind aus den Bildern gepurzelt. Weißt du, welches Fahrzeug zu welchem Bild gehört?

FÜR JEDEN EIN ZUHAUSE

Diese Tiere suchen ein Zuhause.
Hilfst du ihnen, das richtige zu finden?

WEM SCHMECKT WAS?

Fütterungszeit! Aber nicht jeder mag Karotten.
Wer frisst was?

WER FÄHRT MIT WELCHEM FAHRZEUG?

Was sind diese vier Männer von Beruf? Weißt du, wer mit welchem Fahrzeug unterwegs ist?

SORTIEREN

Das Obst ist durcheinandergeraten. Bringst du es in die richtige Reihenfolge?

WAS FEHLT?

Welchen Fisch hat der Angler gefangen?

Was hat Lisa gegessen – ein Törtchen oder einen Keks?

Welche Farben hatte der fehlende Strauß?

PARKPLATZSUCHE

Kannst du dem Mechaniker helfen, die Fahrzeuge in der richtigen Reihe zu parken?

BÜCHER ORDNEN

Ordne die Bücher vom dicksten zum dünnsten Buch.

EIN HOCH AUF DIE FEUERWEHR!

Ordne die Leitern der Größe nach. Beginne mit der kleinsten.

LUSTIGE RAUPEN

Diese Raupen sind unterschiedlich lang. Ordne sie nach ihrer Körperlänge. Beginne mit der kürzesten.

REGENSCHIRME

Schau dir die Farbfolgen auf den Schirmen genau an.
Weißt du, welche Farbe fehlt?

LAURA ZIEHT SICH AN

Laura kann sich schon ganz alleine anziehen. Weißt du, in welcher Reihenfolge sie in ihre Kleider schlüpft?

LEICHT – SCHWER

Von federleicht bis tonnenschwer: Ordne diese Tiere ihrem Gewicht nach. Beginne mit dem leichtesten.

VOM BABY ZUR OMA

Omas Fotos sind durcheinandergeraten. Kannst du ihr helfen, sie dem Alter nach zu ordnen? Beginne mit dem Babyfoto.

SPIELE

DER VERHEXTE SPIEGEL

Marie betrachtet sich in einem Zauberspiegel. Findest du die sieben Unterschiede zwischen ihr und ihrem Spiegelbild?

PICKNICK IM GRÜNEN

Die Kinder veranstalten ein tolles Picknick. Vergleiche die beiden Bilder. Entdeckst du die neun Unterschiede?

DA FEHLT DOCH JEMAND!

Wohin gehören das Katzenbaby, der Hahn und Mutter Hase?

SCHATTENSPIEL

Findest du die Schatten der Fee, der Prinzessin und der Hexe?

DIESE FRÜCHTCHEN!

Weißt du, wie diese Obstsorten heißen?
Welches Paar gleicht sich völlig?

DER WEG ZUM KÄSE

Um an den Käse zu kommen, müssen die Mäuse immer zwischen zwei gleichen Gegenständen hindurchklettern. Zeigst du ihnen den Weg?

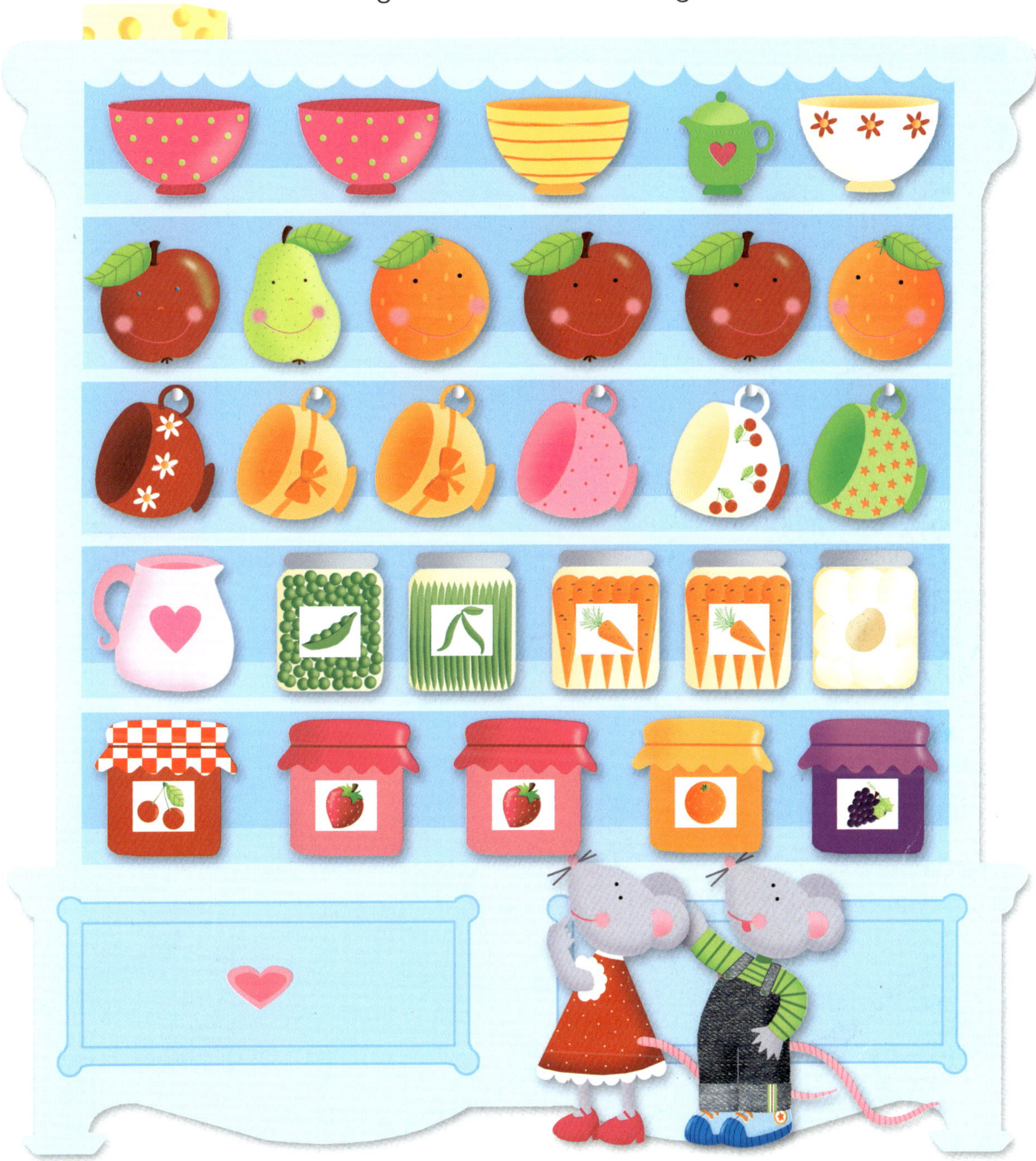

FAMILIE HASE

Die beiden Bilder sind nicht völlig gleich.
Findest du die neun Unterschiede?

Auf den folgenden Seiten kannst du testen, wie viel du schon weißt. Und so erhältst du die kostenlose App für die interaktiven Seiten des Buches mit dem oben abgebildeten Symbol:

Im App-Shop (App Store/Google Play) das Wort Kinderwissen-Spielen eingeben, die App herunterladen und öffnen. Wähle in dem karussellförmigen Menü eine Seite aus, um die Animation zu starten und mehr zu entdecken. Los geht's!

Erhältlich im App Store

JETZT BEI Google Play

INTERAKTIVE SEITEN

FARBEN MISCHEN

Welche Farben musst du für die Farbkleckse in der Mitte mischen? Zeige auf die jeweiligen Feen.

INTERAKTIVE SEITEN

FORMEN UND FARBEN

Kennst du die Formen und ihre Farben?

INTERAKTIVE SEITEN

DIE BUCHSTABEN

Spreche den Namen des Tieres oder Gegenstandes laut aus und betone den ersten Buchstaben des Wortes.

INTERAKTIVE SEITEN

LUSTIGE TIERCHEN

Zähle die Tierchen in jeder Spalte
und zeige auf die dazugehörige Zahl.

INTERAKTIVE SEITEN

WER RUFT DA?

Wie heißen die Tiere, die du hier siehst?
Ordne jedem Tier den passenden Tierlaut zu.

INTERAKTIVE SEITEN

WO LEBEN DIE TIERE?

Ziehe mit dem Finger eine Linie zwischen dem jeweiligen Tier und seinem Lebensraum.

INTERAKTIVE SEITEN

MITTAGESSEN BEI DER FAMILIE KATZE

Gib die großen Fische dem Katzenpapa,
die mittleren Fische der Katzenmama und
die kleinen Fische dem Katzenkind.

MAMA HUHN UND IHRE KÜKEN

Im unteren Bild gibt es neun Unterschiede.
Findest du sie?

INTERAKTIVE SEITEN

WELCH EIN HÜBSCHER HUND!

Welche Farbe hat das Fell des Hundes?
Wie viele Flecken hat das Fell?
Was sieht man am Himmel?
Ist das Wetter schön?

Übersetzung der interaktiven Seiten:
Regina Enderle

Gesamtherstellung: Ullmann Medien GmbH, Rheinbreitbach

Titel der französischen Ausgabe:
L'imagerie de l'éveil

www.ullmannmedien.com

au
ü
a
u
e
ei
ö
o
i
ä

a
b
c
d

1
2
3
4
5
6
7
8
9
10